AF314313

ÉTUDE SUR L'EMPLOI

DES

CORPS DE CAVALERIE

AU SERVICE DE SURETÉ DES ARMÉES

TYPOGRAPHIE DE M. WEISSENBRUCH

IMPRIMEUR DU ROI

RUE DU MUSÉE, 11, A BRUXELLES

ÉTUDE SUR L'EMPLOI

DES

CORPS DE CAVALERIE

AU

SERVICE DE SURETÉ DES ARMÉES

PAR

A. FISCHER

MAJOR AU 2ᵉ CHASSEURS A CHEVAL

AVEC GRAVURE

BRUXELLES

C. MUQUARDT, ÉDITEUR

HENRY MERZBACH, SUCCᵣ, LIBRAIRE DE LA COUR

PARIS, J. DUMAINE

30, RUE ET PASSAGE DAUPHINE

1872

ÉTUDE

SUR L'EMPLOI DES CORPS DE CAVALERIE

AU SERVICE DE SÛRETÉ DES ARMÉES

L'introduction des armes à feu perfectionnées a eu pour conséquence de jeter un trouble profond dans la science de la guerre : dès leur apparition, on fut à se demander si les anciens principes suivis jusqu'à ce jour étaient encore suffisants, si l'utilisation d'éléments nouveaux n'exigeait pas la détermination de nouvelles règles tactiques.

Le problème fut bientôt résolu pour l'infanterie et l'artillerie, dont le mode d'emploi a progressé à peu près également chez toutes les nations. Le motif en est simple : c'est que ces armes sont tributaires de la science, et que par leur nature elles peuvent s'en approprier les progrès, les suivre pas à pas. Il n'en est pas de même de la cavalerie, dont les moyens d'action ne se transforment que relativement, et dont le rôle, dans les opérations générales d'une armée, doit varier nécessairement suivant les ressources, les aptitudes de chaque peuple, la nature du sol de chaque pays et la destination de son armée. Cependant, de toutes les armes la cavalerie était celle qui semblait appelée à subir les plus grands changements.

Peu avant la campagne de 1870, l'importance de la cavalerie a été vivement controversée et a donné lieu à des appréciations très divergentes. La plupart des écrivains militaires, tout en reconnaissant ses services dans les opérations secondaires, discutaient son action utile sur le champ de bataille; d'autres, moins absolus, conservaient à la cavalerie toute l'étendue de son rôle, mais admettaient en principe qu'il fallait que la tactique de cette arme se modifiât d'après les conditions spéciales de son emploi. Parmi les auteurs modernes qui ont formulé cette opinion, il faut citer en première ligne : Jomini, V. Brandt, Wrangel, Renard, Ambert, Trochu, Changarnier, le duc d'Aumale et V. Besser. Comme on devait le prévoir de la part d'écrivains de cette valeur, ils n'ont point examiné la question sous un côté seulement, ils l'ont étudiée dans le sens le plus étendu, en y comprenant tout l'ensemble des opérations qui n'ont cessé d'être du domaine de la cavalerie ;

s'appuyant sur les faits généraux de l'histoire militaire, ils ne se sont pas contentés d'argumenter d'après les événements spéciaux aux campagnes de 1859 et 1866, où les circonstances n'ayant assigné à la cavalerie qu'un rôle restreint, ne furent pas de nature à modifier les leçons du passé. Les derniers faits militaires ont pleinement justifié leurs prévisions.

L'époque la plus brillante de la cavalerie est incontestablement celle de Frédéric-le-Grand ; c'est la cavalerie qui décida des journées de Rossbach, Zorndorff, Leuthen, Hohen-Friedberg ; mais il faut remarquer que le système linéaire, particulier à la méthode de guerre alors suivie, facilitait singulièrement son emploi.

La tactique de Napoléon assigne à la cavalerie un rôle secondaire ; dans le combat, elle ne portait ses coups que lorsque son action était suffisamment préparée par les autres armes. Pour entrer en jeu, elle devait attendre le moment favorable. Cependant, le judicieux emploi que l'empereur sut faire de la cavalerie en masse, pour éclairer et couvrir les mouvements, faire des démonstrations et poursuivre, fixa le rôle de cette arme et sa répartition dans les armées modernes. La masse de cavalerie constituant la réserve générale de cavalerie, était formée en corps et placée sous le commandement d'un chef spécial comme Murat ou Grouchy. Chaque corps d'armée n'avait qu'une division de cavalerie légère de 12 escadrons (environ 1,200 chevaux). Cette distribution pouvait suffire alors, aujourd'hui la grande portée du tir ne le permettrait plus ; pour s'abriter du feu, ces masses devraient se placer trop en arrière, et ne sauraient entrer en action au moment opportun.

En Crimée, un long siége n'a pas offert à la cavalerie l'occasion de jouer un rôle important ; il faut se rappeler toutefois, qu'après la bataille de l'Alma, le maréchal de Saint-Arnaud regrettait de ne pas avoir à sa disposition une cavalerie suffisante qui, achevant la déroute de l'armée de Menschicoff et coupant celle-ci de sa ligne de retraite de Sébastopol, eut eu l'influence la plus décisive sur le cours de cette longue campagne.

En 1859, dans les plaines de la Lombardie parsemée de rizières, le rôle de la cavalerie fut également amoindri. La campagne de 1796, ayant eu le même théâtre, avait donné un résultat semblable. L'armée, commandée par Napoléon, ne possédait d'ailleurs que 2,500 cavaliers.

Par contre, la guerre d'Amérique a mis en lumière, d'une façon indiscutable, le parti immense que l'on peut tirer d'une cavalerie vigoureuse et bien conduite.

Pendant la guerre de Bohême, aucun des belligérants ne sut se servir de l'excellente cavalerie dont il disposait ; le rôle effacé que l'on fit jouer à cette arme a été l'objet de critiques nombreuses et souvent fondées ; observons en outre que les Autrichiens n'étant point munis d'armes à tir rapide, la cavalerie pouvait encore s'inspirer des anciennes traditions.

Le rôle de la cavalerie dans les opérations d'une armée peut être tactique ou stratégique : son rôle tactique consiste dans son emploi sur le champ de bataille, par l'appui qu'elle donne aux autres armes, et son intervention en temps utile dans le cours de l'action. Son rôle stratégique comprend les opérations qu'elle accomplit hors des champs de bataille, pendant que les armées marchent ou manœuvrent, lorsque les masses de cavalerie, agissant en corps indépendants, sont chargés d'expéditions ou de missions spéciales, ayant leur influence directe sur la conduite générale de la guerre.

Depuis la guerre d'Amérique, l'importance stratégique de la cavalerie n'était plus mise en doute; pour en apprécier les résultats, il suffit de rappeler les faits qui ont porté si haut la réputation des cavaliers américains. On s'était demandé pourtant jusqu'à quel point ces opérations à longues distances, possibles dans un pays où l'on rencontre des espaces immenses dépourvus d'habitations, étaient praticables en Europe. L'expérience de la dernière guerre nous donne des enseignements précieux à cet égard.

Dans tous les temps et à toutes les époques, l'histoire nous montre la cavalerie accomplissant de grands faits; c'est sur l'étude du passé, sur l'application de grands principes oubliés ou négligés que repose le système de guerre inauguré par les généraux prussiens. S'inspirant des moyens qui guidaient Seidlitz, Kellerman, Murat, ils sont parvenus à les adapter à la tactique actuelle des autres armes ; ils ont compris que malgré la nature essentiellement offensive de la cavalerie, la charge n'est pas le dernier mot de son action, qu'elle avait à rendre des services plus importants auxquels, par sa mobilité, elle convient mieux qu'aucune arme.

Le rôle de la cavalerie prussienne, en 1870, a été tout différent de celui qu'elle a joué dans la guerre de Bohême ; les points principaux qui caractérisent cette différence, consistent dans sa répartition dans les armées, sa place dans l'ordre de bataille et l'emploi sur une vaste échelle des masses de cavalerie aux opérations secondaires, parmi lesquelles le service de sûreté occupe le premier rang.

Les inventions modernes, telles que les chemins de fer, la télégraphie électrique, prêtent à l'art de la guerre des éléments nouveaux, plus rapides surtout, mais qui en raison même de cette rapidité imposent l'impérieuse obligation de se renseigner sans cesse sur la force, les mouvements de l'ennemi, les positions qu'il occupe, afin de ne pas être surpris par des coups imprévus ; de couvrir les opérations pour les rendre impénétrables à l'ennemi et donner ainsi à l'armée le moyen de manœuvrer avec certitude et sécurité.

Frédéric-le-Grand (*Instructions à ses généraux*), le maréchal Marmont (*Esprit des institutions militaires*), le maréchal Bugeaud (*Instructions pratiques*), Napoléon (*Mémoires*), nous

disent : « Dans une armée en marche, la cavale-
« rie doit former l'avant-garde, l'arrière-garde et
« les flanqueurs. — Dans les marches à portée de
« l'ennemi, il faut s'éclairer à la plus grande dis-
« tance possible; il faut employer la cavalerie à
« ce service et ne pas l'épargner, c'est surtout
« dans les pays coupés et boisés qu'il faut redou-
« bler de précautions, les coureurs sont soutenus
« par des détachements chargés de les recueillir.
« — Un bon système d'avant-postes ne doit pas
« seulement mettre les armées à l'abri des sur-
« prises, il doit encore donner la faculté de refuser
« un engagement en se retirant à temps et de ne
« combattre qu'à son heure et sur un terrain
« choisi. Les postes-avancés ne sont pas destinés
« à combattre mais à renseigner, à prévenir en
« se retirant sur les réserves. Le moyen le plus
« sûr de reconnaître la position de l'ennemi,
« d'être informé de ses mouvements à temps, de
« deviner ses projets, est d'être constamment en
« contact avec lui par des troupes légères. — Dans
« les grandes reconnaissances, il faut employer
« beaucoup de cavalerie et l'y engager seule
« avec de l'artillerie légère, afin de rester maître
« de ses mouvements. Des postes, non seulement
« de cavalerie, mais soutenus par des postes
« d'infanterie échelonnés, peuvent porter des
« patrouilles de cavalerie légère dans toutes les
« directions, jusqu'à deux marches, et, parfaite-
« ment renseignés sur tout ce qui se fait, en in-
« former le quartier-général. »

L'application actuelle de la cavalerie au service de sûreté, est toute entière dans l'énoncé de ces principes.

Des détachements ont été poussés par Napoléon jusqu'à 20 ou 25 lieues du gros de l'armée.

En 1796, le général Bonaparte donne l'ordre au général Joubert, établi à Legnano, d'envoyer un détachement à Padoue (60 kilomètres), et, d'après les circonstances, ce détachement devait même pousser jusqu'à Trévise (40 kilomètres de Padoue).

Le 21 octobre 1806, Napoléon étant à Berlin, l'armée russe en Pologne, le maréchal Davoust reçut l'ordre de se porter sur l'Oder, à Francfort, son avant-garde à Zullichau, le prince Jérôme sur l'Oder, à Krossau. Le commandant de son avant-garde devait envoyer sa cavalerie à 10 lieues en avant, et de là cette troupe devait pousser ses éclaireurs à Posen même, à 10 lieues plus loin encore.

En 1812, après le passage du Niémen, la cavalerie de Murat couvrait toute l'armée à 2 ou 3 journées de marche.

En 1806, les Prussiens lancèrent leur cavalerie par petits détachements, poussés au loin, dans la forêt de la Thuringe ; malheureusement pour eux, en forces insuffisantes, et trop tard.

En 1814, Napoléon prouva par les combats de Montmirail, de Champaubert, d'Etages, l'importance d'une observation étendue des flancs, à l'aide de la cavalerie. Par contre, ce fut pour ne pas avoir suffisamment observé son flanc gauche dans la direction de Lezanne, que Blücher essuya une série de revers qui lui coûtèrent 5 à 6,000 hommes, et condamnèrent son armée à la défensive.

En 1813, les alliés ne surent point employer les 25,000 cavaliers dont ils disposaient, à reconnaître l'approche et les mouvements de l'ennemi, qu'ils pouvaient cerner facilement, par un emploi bien entendu de leur cavalerie.

En 1815, l'armée prussienne se ressentit d'une manière fâcheuse du manque de cavalerie, elle ne comptait que 12,000 cavaliers pour 96,000 fantassins.

A Waterloo, les Français découvrirent trop tard l'approche de l'armée prussienne, parce qu'ils négligèrent de se faire éclairer assez loin dans la direction de Wavre, ils avaient commis la même faute à Dennewitz, contre Bulow.

De toutes les puissances militaires de l'Europe, la Russie est la plus riche en cavalerie; les services qu'elle a toujours su tirer de cette arme sont incalculables. En 1812, les cosaques ont sauvé l'empire. « Les cosaques, dit le général Morand
« s'acharnaient sur les flancs de la grande ar-
« mée, l'isolant de toutes ressources et l'épuisant
« comme des abeilles en fureur de leurs innom-
« brables piqûres ; chaque jour on les voyait à
« l'horizon étendus sur une ligne immense, tan-
« dis que leurs éclaireurs venaient nous braver
« jusque dans nos rangs. On se formait, on mar-

« chait à cette ligne qui, au moment d'être at-
« teinte, disparaissait; et l'horizon ne montrait
« plus que des bouleaux et des pins. Mais une
« heure après, lorsque nos chevaux mangeaient,
« l'attaque recommençait et une ligne noire se
« développait de nouveau; on renouvelait les
« mêmes manœuvres, qui avaient le même ré-
« sultat. »

La cavalerie russe semble être restée fidèle à ses traditions, et la guerre de Crimée offre l'exemple bien connu d'un service d'observation admirablement organisé : Un corps d'armée russe, commandé par le prince Radzivil, était chargé du blocus d'Eupatoria. Les troupes alliées, gardant la place, se composaient de 5 divisions d'infanterie et 3 de cavalerie. A portée de fusil des avant-postes de cette armée, on voyait en permanence un Cosaque, et, un peu plus loin, un poste de 5 à 6 Cosaques, pouvant parfaitement observer la position. La garnison d'Eupatoria fit plusieurs sorties dans le but de se dégager de cette étreinte continuelle et de reconnaître les forces qui lui étaient opposées. A peine l'armée alliée avait-elle dépassé ses grand'gardes, que le Cosaque se rabattait sur son poste en restant à portée de fusil; on avançait, et le petit poste battait en retraite à son tour; on avançait encore, et à un ou deux kilomètres, c'était déjà un escadron que l'on rencontrait. Plus loin, 3 ou 4 escadrons; plus loin encore, une brigade et de l'artillerie; enfin, à 25 ou 30 kilomètres, on se trouvait en présence de 30 à 40 escadrons, soutenus par de l'infanterie. Arrivée au terme de sa première étape, l'armée alliée établissait son bivac, en vue de ces forces, et poursuivait ses opérations le lendemain ; mais au bout de cette deuxième journée de marche, elle se trouvait en face d'une position formidable, défendue par une armée considérable. L'armée alliée se remettait en retraite sur Eupatoria, suivie ou plutôt escortée par l'armée russe, qui, fondant à vue d'œil, ne laissait à la fin que son Cosaque, dont la position était invariable. Ce fait remarquable, rapporté par plusieurs publications militaires, nous offre l'exemple d'une armée gardée et éclairée à 50 ou 60 kilomètres ; connaissant dans ses plus petits détails tous les mouvements de l'ennemi et couvrant parfaitement les siens.

Couvrir, éclairer, assurer les marches sont les opérations les plus importantes d'une campagne, d'autant plus importantes que les moyens d'action sont plus rapides. A ce point de vue, le rôle de la cavalerie ne semble pas avoir été compris dans les campagnes de 1859 et 1866. Les moyens en usage se réduisaient aux prescriptions du service en campagne, règles bien insuffisantes, l'expérience ayant démontré que par ce procédé on se couvre, mais on ne s'éclaire pas, on marche en aveugle, et l'on est amené à livrer des batailles de rencontre, comme Magenta et Solférino.

Le 22 juin, les armées française et autrichienne se trouvaient à une journée de marche l'une de l'autre, la première derrière la Chiese, la seconde derrière le Mincio. Dans la journée du 23, les reconnaissances faites par les deux armées ne vont pas assez loin, ne parcourent pas assez de terrain, ne découvrent rien et ne recueillent que des renseignements insuffisants. Le 24, les armées se mettent en marche : les Français espérant atteindre le Mincio sans combattre et les Autrichiens croyant arriver à temps sur la Chiese pour en défendre le passage. Elles se rencontrent inopinément et livrent une bataille imprévue.

Le 23 juin 1866, malgré la nature de la plaine du Pô et du quadrilatère, les Italiens devaient utiliser leur division de cavalerie pour s'éclairer, se mettre en contact avec l'ennemi et pousser même jusqu'à Vérone et Rovigo afin de se renseigner sur les positions occupées par l'armée autrichienne. L'oubli de ce principe élémentaire eut des conséquences fâcheuses : le lendemain, les colonnes italiennes, surprises en marche, livrèrent une bataille de rencontre et furent défaites. Dans l'armée autrichienne, au contraire, la brigade Puls, habilement conduite, rapporta des nouvelles précises sur l'armée italienne du Mincio.

La répartition de la cavalerie dans l'armée prussienne, lors de la guerre de Bohême, ne semble pas procéder comme aujourd'hui de règles bien absolues ; il serait difficile de dégager le principe qui, en 1866, a prévalu dans la formation des corps de cavalerie.

La première armée, prince Frédéric-Charles,

se composant de 3 corps d'armée, avait un corps de cavalerie, prince Albert, comprenant 4 brigades (40 escadrons). La deuxième armée, prince royal de Prusse, était forte de 4 corps d'armée ; 3 de ces corps avaient chacun une réserve spéciale de cavalerie de 1, 2 ou 3 régiments. La deuxième armée avait de plus, pour réserve générale, une division de cavalerie (Hartmann), de 6 régiments ; en outre, à chacune des divisions d'infanterie était adjoint un régiment de cavalerie divisionnaire (hussards ou dragons). Dans la troisième armée ou armée de l'Elbe, Herwarth de Bittenfeld, aucune des trois divisions qui la composait n'avait de cavalerie divisionnaire ; mais cette armée avait une réserve de cavalerie de 15 escadrons.

Les réserves de cavalerie marchaient en arrière des colonnes et ne furent que fort peu et mal employées au service d'éclaireurs.

Il n'est point douteux que les masses de cavalerie, dont disposait la première armée prussienne, auraient été utilisées avec avantage en Saxe, dans la marche sur Dresde, puis en Bohême, lors du passage de l'Isar, et dans la reconnaissance de Libenau et de Gitsin. Aussitôt après le passage de l'Isar la cavalerie pouvait entrer en action, pour reconnaître les positions d'un ennemi, qui, inférieur en nombre, était obligé de garder une ligne très étendue. Sans doute, la nature du terrain offrait de grandes difficultés à la marche de la cavalerie réunie en masses considérables à la tête des colonnes, mais on aurait pu, semble-t-il, la faire précéder par de fortes avant-gardes d'infanterie et, soutenue par celles-ci, pousser des détachements dans toutes les directions, comme le fit Murat, en 1805, dans la Forêt-Noire.

La cavalerie divisionnaire ne pouvait suffire à ce service, auquel il eut fallu consacrer une cavalerie nombreuse et bien conduite, ce qui eut particulièrement facilité les opérations dans cette phase de la campagne.

Les circonstances se présentaient différemment pour la deuxième armée prussienne : celle-ci débouchait sur le théâtre de l'action par 3 colonnes, très près de l'ennemi et avec la certitude de combattre dès la sortie des défilés. Une reconnaissance de cavalerie sur une grande échelle était bien difficile. Il faut observer pourtant, qu'en présence d'un ennemi auquel on pouvait attribuer la supériorité numérique et de l'éventualité d'être forcé de livrer bataille avant d'avoir eu le temps de se concentrer, il eut été logique de répartir dans les trois colonnes la nombreuse cavalerie dont on disposait, au lieu de la conserver en une seule masse.

Du côté de l'Autriche, nous ne voyons pas que l'on ait tiré meilleur partie d'une cavalerie manœuvrière et bien montée. Celle-ci avait une mission très importante à remplir. Poussée en masses considérables, convenablement *soutenue par des détachements d'infanterie*, son rôle était d'observer sur une grande étendue les passages des montagnes; et servant de rideau à l'armée, elle aurait facilité à celle-ci ses opérations de concentration et atténué ainsi les inconvénients d'une dissémination de forces.

La répartition de la cavalerie dans l'armée autrichienne, quoique défectueuse sur plusieurs points, paraît avoir été déterminée en raison d'exigences nouvelles. Chaque corps d'armée n'avait qu'un régiment (5 escadrons), fractionné dans les divisions d'infanterie comme cavalerie divisionnaire. Du surplus, il fut formé trois divisions de cavalerie de réserve et deux de cavalerie légère. Les divisions de cavalerie de réserve devaient, suivant la tradition, être employées sur le champ de bataille comme cavalerie de réserve. Les divisions de cavalerie légère, organisées dans le même but que les corps de cavalerie américaine, étaient destinées à opérer en corps indépendants. Mais les résultats ne répondirent pas à l'attente; c'est que le rôle de cette cavalerie n'était pas suffisamment défini : Au lieu d'être attachée d'une façon permanente à l'une des grandes fractions de l'armée, elle était employée suivant les circonstances et sous la direction particulière de l'état-major général, qui avait concentré entre ses mains le service spécial d'informations, c'est par son intermédiaire que les divisions indépendantes de cavalerie renseignaient les parties mêmes de l'armée qu'elles couvraient immédiatement. Les inconvénients de ce système se firent sentir en plusieurs occasions. C'est ainsi que le corps de Ramming fut poussé vers la position de Nachod, sans qu'on lui eût donné d'autres troupes à cheval que sa cavalerie divisionnaire; le 27 seulement, on lui adjoignit la division de cavalerie Holstein, qui avait également pour mission d'observer le défilé. L'indépendance dans laquelle se trouvait cette troupe, relativement au corps de Ramming, eut ce résultat, qu'à l'apparition de l'ennemi, la division de cavalerie Holstein en donna avis au général en chef, sans passer par l'intermédiaire du général Ramming, et que ce dernier, prévenu trop tard, ne fût plus en mesure d'arrêter l'ennemi au sortir du défilé de Nachod.

La conduite générale de la guerre de Bohême, n'était pas de nature à faire entrevoir le rôle prépondérant que la Prusse attribuerait à sa cavalerie dans la campagne de France. Dans cette dernière guerre, la répartition de la cavalerie procède d'une règle strictement conforme à la destination nouvelle de cette arme.

Comme en 1866, à chaque division d'infanterie était attachée un régiment (4 escadrons, hussards ou dragons) de cavalerie divisionnaire. Il fut formé 6 divisions indépendantes, outre la division de la garde, toujours attachée à ce corps, ainsi que la division saxonne. Il y avait de plus une division de cavalerie bavaroise et 3 brigades de cavalerie wurtemburgeoise, badoise et hessoise. Chacune des divisions indépendantes se composait de 2 ou 3 brigades, chacune de 2 ou 3 régiments (4 à 9 régiments), et 1 ou 2 batteries par 2 ou 3 brigades.

2 ou 3 de ces divisions indépendantes ont été mises à la disposition de chacune des trois grandes armées, mais au lieu de marcher à la queue des colonnes, elles ont été lancées à de grandes distances en avant et sur les côtés, avec la mission d'éclairer les marches. Toute la cavalerie allemande a concouru à ce service : hussards, uhlans, dragons, chevau-légers bavarois et cuirassiers y ont pris une large part.

Il n'existe pas en Prusse de règlement spécial qui détermine l'emploi des masses de cavalerie chargées d'assurer la marche des armées, on tient avant tout à leur donner une grande liberté d'action. Cependant quelques principes généraux ont été observés.

Les divisions agissaient d'une façon tout à fait indépendante à une journée de marche du gros de l'infanterie, et dans chacune d'elles on désignait à tour de rôle un régiment pour former l'avant-garde. La durée de ce service était de 3 jours. Le régiment d'avant-garde détachait un escadron en pointe et deux autres, à intervalles suffisants, à droite et à gauche du premier ; enfin le quatrième, placé en réserve, servait à relier les troupes avancées avec la division. Chacun des escadrons en pointe se couvrait à son tour par son avant-garde, ses éclaireurs. Tous les éléments du système restaient toujours en communication, les rapports des éclaireurs étaient transmis d'abord

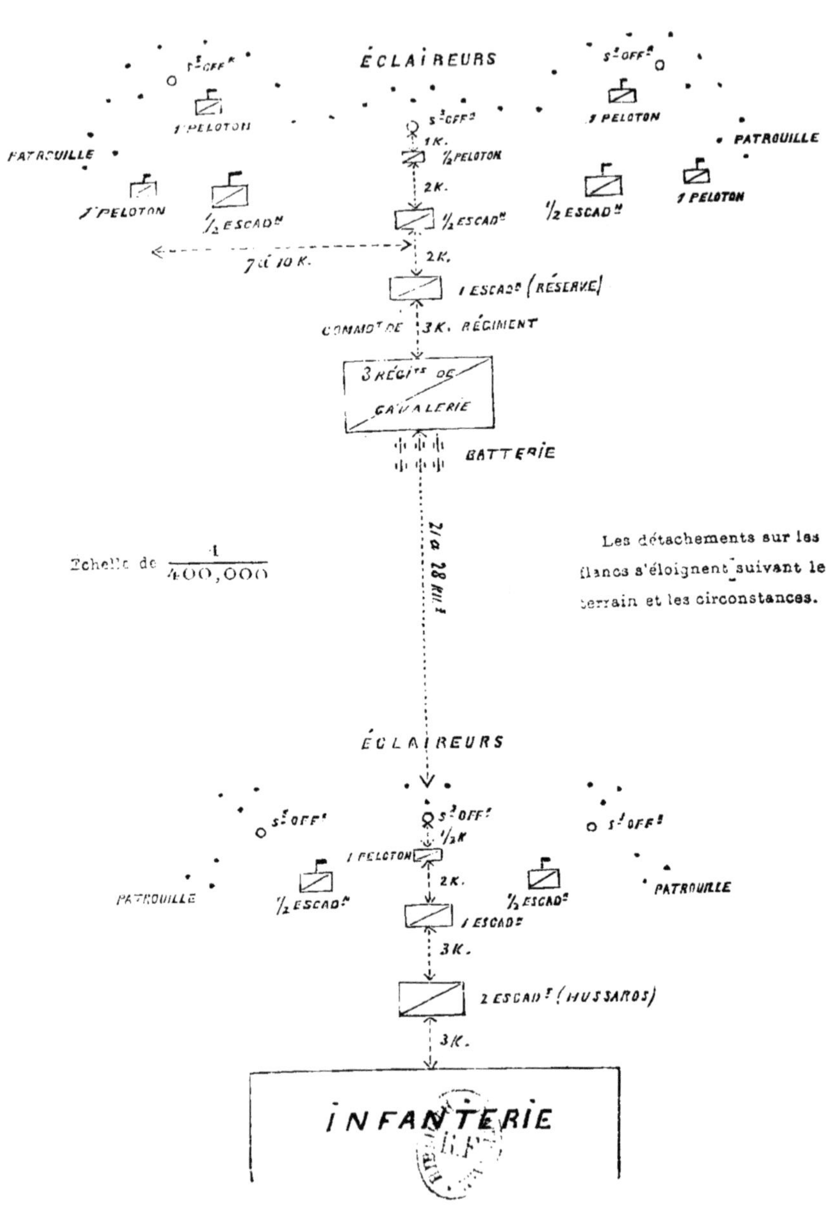
ÉCLAIREURS
1ᵉʳ OFFᴿ
S² OFFᵉ
S² OFFᵉ
1 PELOTON
1 PELOTON
PATROUILLE
PATROUILLE
1 PELOTON
1/2 ESCADᴴ
1K.
1/2 PELOTON
2K.
1/2 ESCADᴴ
1/2 ESCADᴴ
1 PELOTON
7 à 10 K.
2K.
1 ESCADᴴ (RÉSERVE)
COMMDᵀ DE 3K. RÉGIMENT
3 RÉGITˢ DE CAVALERIE
BATTERIE
Échelle de 1/400,000
21 à 28 Kil.
Les détachements sur les flancs s'éloignent suivant le terrain et les circonstances.
ÉCLAIREURS
S² OFFᵉ
S² OFFᵉ
S² OFFᵉ
1/2 K
1 PELOTON
PATROUILLE
1/2 ESCADᴴ
2K.
1/2 ESCADᴴ
PATROUILLE
1 ESCADᴴ
3K.
2 ESCADᴿˢ (HUSSARDS)
3K.
INFANTERIE

à l'escadron qui les avait détachés, et de là, plus en arrière; l'itinéraire de la marche leur étant communiqué chaque jour, il leur était facile de connaître sans cesse l'emplacement occupé par leur escadron.

Ces dispositions n'ont rien d'absolu, et changent suivant les circonstances, le terrain et le but à atteindre : en temps de brouillard ou de neige, en pays coupé ou boisé, et surtout la nuit, les fractions poussées en extrême pointe doivent, par prudence, se rapprocher du gros de l'avant-garde. Pour étendre le front d'observation, on renforce et l'on éloigne davantage les détachements placés sur les flancs; de plus on les tient en communication constante au moyen de petites patrouilles.

Les distances entre les différents éléments constituant la profondeur ou l'étendue du front sont donc variables, souvent même la composition des troupes éclairantes a été modifiée; dans l'Argonne, par exemple, les divisions de cavalerie ont été renforcées en artillerie, et soutenues dans leurs opérations par un ou deux bataillons d'infanterie légère. Par un calcul approximatif on peut déduire que pour couvrir et éclairer une armée de 60,000 hommes, deux divisions, soit 8 ou 10 régiments ont été consacrés à ce service.

Outre le corps de cavalerie indépendante éclairant le front de l'armée, les régiments de cavalerie divisionnaire étaient tenus d'éclairer les divisions d'infanterie auxquelles ils étaient attachés; et poussaient leurs postes-avancés, leurs éclaireurs et leurs patrouilles de flanqueurs aussi loin que possible, tout comme s'ils n'avaient pas été protégés en avant. La relation était donc constante entre le corps principal et les premiers éclaireurs, qui marchaient à plus de 40 kilomètres du front de l'armée. La formation du réseau couvrant était la même, qu'il fût établi sur les flancs ou derrière, suivant les circonstances.

Lorsque le corps principal fait une halte pour se reposer ou pour prendre position, les troupes de sûreté s'arrêtent également et forment un réseau d'avant-postes. Les détachements les plus éloignés s'établissent en grand'gardes, fournissent des petits postes et des vedettes; les détachements les plus rapprochés du corps principal forment les soutiens, replis et piquets; s'il est nécessaire, on modifie leur emplacement suivant leur destination, le terrain et les circonstances. Des reconnaissances et des patrouilles volantes parcourent l'espace compris entre la chaîne de vedettes et l'ennemi, et complètent ainsi le service de surveillance.

Les régiments divisionnaires se comportent de même à l'égard de leur division, dont ils couvrent les campements, indépendamment du premier cercle d'observation.

Pendant toute la durée de la station, les détachements placés sur les flancs prennent aussi position, et faisant face au dehors protègent les côtés.

Ainsi, par un emploi rationnel de la cavalerie,

les armées peuvent marcher et se reposer à l'abri du rideau dont elles se couvrent.

Mais pour opérer de la sorte, il faut qu'une éducation préalable dispose les cavaliers à ce rude service. Souvent livrés à eux-mêmes ou réunis par groupe de 5 ou 6, précédant le gros de l'armée à plusieurs jours de marche, ils ne peuvent en espérer un secours immédiat, ils sont donc obligés de suppléer au nombre par la ruse et l'audace ; il n'y a pas d'efforts qu'ils ne puissent tenter, de fatigues qu'ils ne doivent supporter pour être sans cesse renseignés sur l'ennemi, sur sa force, ses positions, ses mouvements, ses projets ; dans toutes circonstances, il faut qu'ils se suffisent à eux-mêmes, qu'ils soient en état de reconnaître le terrain et de l'apprécier au point de vue militaire ; sous leur protection marchent les têtes des colonnes de l'armée, derrière le réseau impénétrable qu'ils forment, celle-ci peut manœuvrer en toute sécurité.

Le rôle de la cavalerie éclairante s'accentue davantage encore, lorsque venant à rencontrer les troupes avancées de l'ennemi, son contact avec ce dernier devient tout à fait intime. C'est alors qu'elle entre dans la phase la plus active de son rôle, qu'elle doit déployer toutes ses forces morales et physiques pour répondre à sa double mission : servir de voile protecteur à l'armée et reconnaître les dispositions, pénétrer les projets de l'adversaire. Dès que les éclaireurs ont pris contact avec l'ennemi, ils ne le quittent plus, ils le suivent pas à pas, le harcèlent, se glissent entre les colonnes, à travers les avant-postes et ne lui laissent ni trève, ni repos. Ils doivent tout sacrifier pour arriver à leur but; ni hommes, ni chevaux ne peuvent être ménagés. Prompts et habiles, ils enveloppent les fronts de l'ennemi et l'enserrent, en un mot, dans leur cercle d'observations.

Ils doivent rendre compte avec clarté et certitude par de fréquents rapports de tout ce qu'ils découvrent, ne négliger aucun élément d'appréciation et indiquer les incidents les moins importants en apparence. C'est d'après les renseignements fournis par cette cavalerie que sont réglés la marche des corps, et les premières dispositions de combat. L'ensemble de ce système est complété par des reconnaissances et des patrouilles qui parcourent la ligne, relèvent et confirment les rapports des éclaireurs, c'est sous leur protection que les officiers d'état-major font leurs reconnaissances.

En règle générale, la mission des troupes éclairantes n'étant pas de combattre, mais bien de couvrir la marche de l'armée; lorsqu'elles rencontrent l'ennemi, ou en cas d'alerte, elles se replient sur elles-mêmes, les fractions les plus éloignées se retirant les premières sur les détachements placés en deuxième ligne, et le mouvement de retraite se continuant, s'il le faut, de proche en proche jusqu'à l'armée.

Les circonstances exigent souvent que la cavalerie de réserve, dont une partie marche habituellement à la tête des colonnes, soit employée à des missions spéciales ; qu'il s'agisse de reconnaître de plus près la position de l'ennemi, ou qu'il y ait nécessité d'occuper très rapidement certaines positions et de les défendre, en attendant l'arrivée d'autres troupes. La cavalerie éclairante peut être utilement employée à couvrir ces mouvements et à garder les flancs.

Le rôle de la cavalerie éclairante cesse lorsque les avant-gardes sont engagées.

L'ennemi battant en retraite en bon ordre, la cavalerie éclairante dont le rôle a été suspendu pendant le combat, se porte en avant pour reprendre son service d'informations, et couvrir le front de l'armée ; les éclaireurs suivent l'ennemi pas à pas, harcèlent les flancs de ses colonnes, hasardent des coups de main sur ses bagages et ses colonnes de munitions, et cherchent à faire des prisonniers. Ils informent la cavalerie de réserve qui suit immédiatement avec son artillerie, de la marche des corps ennemis, et lui indiquent le moment favorable pour tenter une action, pour se jeter entre les colonnes, ou pour s'interposer entre le gros de l'ennemi et son arrière-garde si cette dernière, afin de donner le change sur la ligne de retraite, avait pris une direction différente.

C'est surtout dans une marche en retraite que le rôle de la cavalerie éclairante est le plus périlleux, le plus important : elle garde au loin les flancs de l'armée. Couverte par ce rideau protecteur, la cavalerie de réserve se tient prête à tout événement, et, bien renseignée, prend avec certitude ses dispositions pour s'opposer aux entreprises de la cavalerie ennemie. Enfin, elle déblaie le terrain entre l'arrière-garde et les corps poursuivants, ramène les traînards et assure la retraite des bagages et des munitions.

La mission d'éclairer et de couvrir l'armée constitue en Prusse un service spécial ; les troupes, destinées à cet effet, sont organisées sous la direction de l'état-major, elles entrent en action les premières pour protéger les opérations préliminaires de l'armée.

Dans l'armée française au contraire, la répartition et la destination de la cavalerie sont bien différentes : à chacun des corps d'armée était attaché une division de cavalerie de 4 à 7 régiments (18 à 30 escadrons) et une ou deux batteries à cheval. Il avait été formé en outre, une grande réserve de cavalerie de 3 divisions (12 régiments, 48 escadrons).

Primitivement, on avait attaché à chaque division d'infanterie un régiment de cavalerie (4 escadrons), pour y remplir le rôle de cavalerie divisionnaire. Mais bientôt, en raison de l'affaiblissement successif de la cavalerie, les escadrons divisionnaires furent réduits au nombre de un ou deux. Les services rendus par cette troupe furent d'ailleurs peu appréciables. Par suite de la différence de portée des deux artilleries, elle trouvait difficilement sur le champ de bataille des positions qui l'abritassent contre les projectiles prussiens ; il ne lui était guère possible d'entrer en jeu en temps opportun. Sa place dans l'ordre de bataille était déterminée dans le but d'agir de front, alors que tactiquement son action aurait dû, au contraire, se produire sur les ailes des divisions engagées dans le combat.

Comme en Crimée et en Italie les Français, loin d'organiser leur service de sûreté d'après les principes de leur adversaire, se renferment dans les prescriptions de l'ordonnance de 1832 sur le service des armées en campagne. Ils établissent un cordon qui couvre de trop près et n'éclaire pas assez loin. La longue portée de l'artillerie impose l'obligation de se garder à grande distance ; or, à moins de consacrer au service de sûreté un effectif disproportionné, on ne saurait éloigner les avant-postes à plus de 3 ou 4 kilomètres, distance bien insuffisante, et qui ne mettrait pas le corps principal à l'abri d'une surprise, si les premières troupes attaquées à l'improviste étaient brusquement refoulées par des forces supérieures. Avec ce système, on suppose que les avant-postes de chaque fraction de l'armée se reliant entre eux, forment une chaîne continue couvrant l'armée entière ; mais il arrive que l'une des parties faisant défaut, tout l'ensemble est compromis.

Les escadrons de cavalerie divisionnaire furent principalement affectés au service de sûreté des divisions d'infanterie auxquelles ils étaient attachés, mais n'étant pas couverts par une première ligne, la nécessité de les envoyer au loin, avait pour inconvénient de faire perdre du temps et de laisser une lacune dans les divisions mixtes. L'effectif de la cavalerie divisionnaire était d'ailleurs insuffisant pour remplir, avec succès et continuité, une mission aussi périlleuse et aussi fatigante.

Le système de cordon se complète par un service de patrouilles et de reconnaissances, qui généralement, ont le tort de se faire à heures fixes, de sortir et de rentrer à découvert, et ne peuvent ainsi remplir complètement leur but. En effet, si loin qu'elles aillent, les circonstances qu'elles auront observées peuvent être modifiées alors qu'elles en viennent rendre compte. Il faut remarquer de plus, que pour mieux déjouer la surveillance de leurs ennemis, les postes-avancés prussiens avaient coutume de se replier la nuit et de se reporter en arrière sans se montrer, attendant pour reprendre leurs positions, que l'heure des reconnaissances françaises fût passée.

Pour être constamment renseigné, il faut un service permanent d'informations, résultant d'un contact continuel avec l'ennemi. Les Français, adoptant la tactique de leur adversaire, auraient dû agir par faibles détachements, et ne point opposer à ceux des allemands, des escadrons et même des régiments qui s'usaient prématurément sans effet utile pour l'armée.

La frontière, théâtre présumé des premiers combats s'étendait à gauche, de Lauterbourg à Sierck, et à droite, de Lauterbourg à Huningue.

Les corps français étaient échelonnés le long de cette immense frontière, sur une étendue de plus de 160 kilomètres, formant une ligne brisée dont le point saillant était à Wissembourg et dont les extrémités s'appuyaient à Thionville et à Strasbourg. Les forces allemandes, par contre, disposées en trois masses étaient concentrées : la première armée sous Steinmetz dans les Vosges, en arrière de la Sarre ; la 2ᵉ armée commandée par le prince Frédéric-Charles en avant de Kaiserlautern, dans la vallée de la Moselle ; la 3ᵉ armée sous les ordres du prince de Prusse derrière la Lauter, s'appuyant à Rastadt.

Le plan d'opérations des Allemands consistait à disposer leurs trois armées sur la rive gauche du Rhin, pour y prendre aussitôt l'offensive ; percer d'abord les lignes françaises peu profondes et trop étendues pour offrir une résistance sérieuse ; puis en séparer et battre en détail les fractions principales qui, par suite de leur dissémination, ne pouvaient se prêter appui en temps utile. Cette première phase de la campagne demandait à être conduite avec circonspection, presque à coup sûr ; il importait avant tout de s'éclairer à de grandes distances, d'être sans cesse renseigné sur les mouvements des Français en se couvrant d'un rideau impénétrable, qui permît d'opérer avec sécurité et de choisir les points d'attaque. L'usage habile que l'état-major allemand sût faire de ses escadrons pour atteindre ce but, a eu une influence capitale sur les premiers événements. Des patrouilles de 5 ou 6 cavaliers sont lancées sur le territoire français avec une audace remarquable et le sillonnent dans tous les sens, faisant avec une extrême rapidité des courses de 30 à 35 kilomètres. Ces patrouilles traversent les villages, brisent les lignes télégraphiques, détruisent les voies ferrées, jettent la terreur dans le pays qu'elles parcourent rapides comme le vent, et disparaissant de même ; munis de cartes, leurs cavaliers ne vont point à l'aventure, ils connaissent le terrain et marchent sans hésitation. La crainte de les voir tomber entre les mains de l'ennemi n'arrête pas l'état-major qui les dirige ; si des patrouilles sont enlevées, d'autres échappent et accomplissent leur mission ; des cavaliers seront tués, mais les survivants iront rapporter ce qu'ils ont vu et observé. La perte de quelques hommes ne peut entrer en ligne de compte en présence du but à atteindre. Dans les derniers jours de juillet, alors que les avant-postes escarmouchaient à la frontière, des partis de cavaliers allemands ayant franchi le Rhin, la Lauter, la Sarre, poussèrent jusqu'à Niederbronn, Wœrth, Sarreguemines, pour reconnaître les positions françaises et essayer de couper les voies ferrées qui s'y trouvent. Enfin, grâce à l'activité de sa cavalerie, l'état-major allemand constamment informé des moindres mouvements de l'ennemi peut agir en toute certitude.

La cavalerie française, dans ces circonstances, est loin de se rendre aussi utile. Mal dressée au service de sûreté, son manque d'expérience pratique, l'ignorance du terrain sur lequel elle opère la rend hésitante; ses renseignements sont presque toujours nuls ou insuffisants. L'armée française ne peut se dépouiller de l'esprit de routine, elle se garde comme elle l'a fait en Crimée et en Italie. La cavalerie se borne à observer la frontière, mais au lieu d'agir par faibles détachements, elle emploie à ce service des fractions trop considérables bientôt épuisées contre un ennemi qui, sans cesse en mouvement, les harcèle, les fatigue et reste insaisissable.

Constamment surpris, alors que leur adversaire agit en toute assurance, les événements ne tardèrent pas à faire sentir cruellement aux Français l'absence d'un bon système d'avant-postes étudié et pratiqué longuement en temps de paix.

Le 2 août, les armées allemandes sont complètement formées et s'avancent en masses vers la frontière.

La 3e armée, du prince royal, doit être engagée la première contre l'aile droite française commandée par le maréchal de Mac-Mahon. Précédée de la 4e division de cavalerie qui la couvre et l'éclaire, elle franchit la Lauter sur quatre colonnes. Le maréchal de Mac-Mahon au lieu de concentrer ses 4 divisions leur assigne des emplacements qui les mettent dans l'impossibilité de se soutenir. La première, général Abel Douai, est poussée en pointe à 5 lieues en avant des autres.

Cette division néglige de se faire éclairer au

loin, le 4, elle est attaquée à l'improviste ; surprise par des forces imposantes, elle se retire en désordre abandonnant ses bagages à l'ennemi. Le terrain étant assez difficile, la cavalerie prussienne ne poursuit pas, ce qui permet à la division Douai d'aller prendre position sur les hauteurs, entre Reichshofen et Frœswiller, escortée par la cavalerie prussienne dont les vedettes ne la quittent pas du regard, et facilitent ainsi à leur armée de tout préparer pour compléter ce premier succès.

Cependant, le corps du maréchal de Mac-Mahon s'est concentré sur les hauteurs comprises entre Frœschwiller, Wœrth, Elsasshausen et Günstedt. Le champ de bataille est très avantageusement choisi, le plateau de Frœschwiller présente un terrain favorable aux manœuvres de la cavalerie ; enfin, les positions occupées par les corps sont judicieusement couvertes par deux brigades de cavalerie, qui détachent leurs avant-postes dans tout l'espace compris entre le Rhin et les Vosges. Malheureusement ces troupes, au lieu d'être soutenues par une autre cavalerie, sont appuyées par des bataillons isolés d'infanterie qui entravent leur mobilité ; de plus on néglige de se renseigner au loin sur l'ennemi par un nombre suffisant de reconnaissances et de patrouilles ; l'armée prussienne toujours protégée par sa cavalerie peut prendre sans encombre ses positions de combat. Son ordre de bataille forme un demi cercle qui enveloppe les positions françaises. Mal éclairé, le maréchal de Mac-Mahon n'apprécie pas les forces qui lui sont opposées, il croit à une simple démonstration quand une armée puissante va l'écraser.

Après Wœrth, les Allemands épuisés par les efforts d'une lutte acharnée, étaient incapables d'une poursuite vigoureuse ; cependant quatre régiments de cavalerie sont lancés sur les traces de l'armée française, qui traverse les Vosges dans un désordre complet pour se retirer sur le camp de Châlons. Cette retraite lente et difficile, est toujours surveillée par les éclaireurs allemands qui, en relation constante avec leurs corps d'armée, rendent un compte exact des moindres mouvements des Français, des positions qu'ils occupent, des haltes, des heures de départ.

A la faveur du rideau que forment les cavaliers prussiens, d'autres corps de cavalerie plus considérables, agissant d'une façon indépendante, font les démonstrations sur les colonnes françaises, les fatiguent et les forcent à accélerer leur marche ; les obligent à changer leur itinéraire et désorganisent de la sorte, le service des approvisionnements ; tandis que les cavaliers allemands requisitionnent partout, et ne laissent rien sur le chemin des vaincus.

La cavalerie française est impuissante à s'opposer aux entreprises de son adversaire, elle marche réunie en masse, alors qu'il aurait fallu la former en corps indépendants et l'employer à protéger, à éclairer l'armée.

Le 6 août, au moment ou l'aile gauche allemande battait et refoulait les troupes de Mac-Mahon, les deux premières armées étaient en marche vers la Sarre : La 5e division de cavalerie, Rheinbaden, couvrait les ailes adjacentes des deux armées; les éclaireurs de cette cavalerie informèrent que le 2e corps français, protégé par une faible arrière-garde, avait évacué le terrain de manœuvres situé au sud de Sarrebruck, pour se retirer sur St-Avold; et que cette arrière-garde était en position sur les hauteurs de Spicheren; le général de Kameke résolut de précipiter l'attaque en refoulant cette troupe sur son corps principal. Le mouvement est préparé par la division Rheinbaden, qui traverse Sarrebruck, passe la Sarre, précédée par une avant-garde de 2 escadrons. Ceux-ci eurent bientôt à essuyer le feu de l'artillerie française établie à Spicheren.

Le général Frossard arrête son mouvement pour faire face à l'ennemi et le 7e corps prussien étant entré en ligne, le combat s'engagea ; nous savons qu'il fut un succès pour les armes allemandes. Le général Frossard dut se retirer sur Forbach et de là sur St-Avold, toujours poursuivi par la cavalerie allemande, qui fit à Forbach un butin considérable.

Le succès de l'action est préparé par la cavalerie Rheinbaden, qui prévient le commandant des forces allemandes que le corps Frossard est en retraite, que son arrière-garde n'est pas en force, qu'elle n'est point éclairée, qu'il est possible de surprendre les Français. Lancée sur la rive gauche de la Sarre, la cavalerie dissimule le mouvement de l'armée allemande, ses postes-avancés atteignent l'arrière-garde française et commencent l'attaque, en attendant le gros de l'armée, qui suit à peu de distance.

Les combats de Wœrth et de Forbach décidèrent de la retraite de tous les corps français, qui allèrent se concentrer à Metz afin de s'y réorganiser sous le commandement du maréchal Bazaine.

Les trois armées allemandes continuèrent leur mouvement d'invasion en prenant pour objectif la ligne de la Moselle, Metz et Nancy toujours précédées par leurs divisions indépendantes de cavalerie, qui relient et couvrent leurs fronts. Les armées de Steinmetz et du prince Frédéric-Charles se dirigèrent, l'une au nord, l'autre au sud du chemin de fer de Forbach à Metz, pour passer la Moselle au-dessous et au-dessus de cette ville.

Leurs opérations ont pour but de bloquer l'armée de Bazaine dans Metz, et de lui disputer le passage, dans le cas ou il tenterait d'opérer une retraite au delà des defilés de la forêt de l'Argonne.

La plus grande partie de l'armée du prince royal suivant pas à pas Mac-Mahon, sort de l'Alsace en traversant les Vosges, sa droite se reliant à la gauche de la 2e armée. Elle continue sa marche sur Châlons par Luneville et Nancy, occupé dès le 12 par les détachements de cavalerie qui précèdent les colonnes. Le 13, ceux-ci coupent le chemin de fer à Frouard, et le 15, ils atteignent la Meuse à Commercy. Le 16, le quartier-général du prince royal est à Nancy, les éclaireurs de son armée sont poussés jusqu'à Toul.

Pendant ce temps, l'armée de Steinmetz forte de 3 corps prend position à l'est de Metz et livre le combat de Borny, qui prévient une première tentative de retraite de Bazaine : celui-ci mal renseigné sur les forces ennemies qu'il croit plus considérables, ne continue pas son mouvement; moment d'arrêt fatal à l'armée française, car il permet au prince Frédéric-Charles de la tourner en traversant la Moselle entre Metz et Frouard, afin de lui couper sa ligne de retraite sur Verdun. Dans la journée du 15, la 2ᵉ armée débouchait par Pont-à-Mousson; la cavalerie, que le prince lance sur la rive gauche de la Moselle prépare habilement ce mouvement, que la 6ᵉ division de cavalerie couvre à droite vers Metz, tandis que la 5ᵉ division de cavalerie l'éclaire en avant de Thiancourt, portant déjà ses patrouilles sur la route de Metz-Verdun, que doivent suivre les Français. Les éclaireurs prennent immédiatement contact avec l'armée française, dont ils suivent tous les mouvements, sous leur protection, l'armée du prince accélère sa marche.

Les cavaliers français ne peuvent parvenir à rompre le réseau qui les enlace; s'ils repoussent les premiers détachements, bientôt ils sont arrêtés par des corps plus nombreux, soutenus par de l'artillerie. Le 15, le maréchal Bazaine veut continuer sa retraite sur Verdun; son mouvement aurait eu grande chance de s'accomplir si, se servant adroitement de sa nombreuse cavalerie, il s'était fait fortement éclairer sur sa gauche; mais le général de Forton, dont la division de cavalerie est chargée de cette mission, s'arrête au delà de Thionville, en présence de forces qu'il croit très considérables; alors qu'il n'a devant lui que la 6e division de cavalerie, Rheinbaden, et la brigade de dragons de la garde qui, d'après l'ordre du prince Frédéric-Charles fesaient une reconnaissance sur la route de Metz à Verdun. Les armées allemandes prirent leurs dispositions pour l'attaque du lendemain.

La première armée occupe la ligne Arry-Pommereux et laisse un corps en observation devant Metz. La 2e doit attaquer le flanc gauche de l'armée française et en même temps lui barrer la route de Verdun.

Mal renseignée par des avant-postes dont le rayon d'observation est trop restreint, l'armée française est très incomplètement informée sur les projets de son adversaire. Aucun ordre de mouvement n'ayant été donné, les soldats fesaient tranquillement la soupe, les divisions des généraux de Forton et de Vallabrègue menaient boire leurs chevaux par escadrons, lorsque le général von Alvensleben, commandant le 3e corps

prussien, prévenu par ses éclaireurs de l'insou-
ciance des Français, fait avancer rapidement ses
troupes jusqu'au plateau de Thionville. La 6ᵉ division de cavalerie du duc de Mecklembourg-
Schwérin parvenue sur la hauteur s'élance aussitôt sur les avant-postes, pendant que trois batteries prenant position sur les 2 côtés de la route,
commencent un tir à outrance, et criblent d'obus
les campements de la cavalerie et du corps Frossard. La panique s'empare de la cavalerie française, qui est vivement refoulée sur le 2ᵉ corps
qu'elle traverse en y produisant un grand désordre.

Le début de la bataille fut donc encore une
surprise pour les Français, gardés de trop près,
mal éclairés, leurs avant-postes sont brusquement
refoulés par la cavalerie allemande qui, à la faveur de ce mouvement, peut reconnaître les positions ennemies et profiter du moment de surprise
causé par cette attaque d'emblée pour suppléer
momentanément à l'infériorité numérique, et donner aux forces allemandes le temps de déboucher
sur le champ de bataille; vers 9 heures du soir la
bataille se terminait sans avantage marqué pour
l'un des belligérants. A la suite de ces combats,
l'armée prussienne, toujours couverte par la cavalerie, prépare pour le 18 une action générale
qui rejette définitivement Bazaine dans Metz.
Pendant que les armées réunies de Steinmetz et
du prince Frédéric-Charles restaient devant Metz,
et que la 3ᵉ armée, sous le prince royal, conti-

nuait sa marche sur Châlons, on en formait une quatrième, dont le commandement était donné au prince royal de Saxe. Cette armée, composée de trois corps et de deux divisions de cavalerie, la 5e, Rheinbaden, et la 6e, duc de Mecklembourg, avait pour objet d'opérer conjointement avec la 3e armée, contre Mac-Mahon et le camp de Châlons.

Le 20, tout le gros de la 3e armée occupait Bar-le-Duc, son avant-garde s'étendait jusqu'à Blesme, Saint-Dizier et Wepy; sa cavalerie poussant jusqu'à Vitry-le-Français, Brienne et Troyes.

La 4e armée, précédée de sa cavalerie, s'avance par Verdun.

L'armée, formée à Châlons sous le commandement du maréchal Mac-Mahon, se composait du 1er, 5e, 7e et 12e corps et de sept divisions de cavalerie, dont cinq attachées aux différents corps et deux en réserve. Le but des opérations de cette armée était de faire sa jonction avec l'armée de Metz, pour combattre les forces réunies de Steinmetz et du prince Frédéric-Charles. Le 22, les troupes reçoivent l'ordre de se porter en avant sur Montmédy. Le 23, la division de cavalerie Bonnemains est sur la Suippe, entre Auberive et Vaudesincourt, couvrant la droite de l'armée. Le général Margueritte avec sa division, en extrême avant-garde, est à Montoy, observant les débouchés de l'Argonne, de Grand-Pré et de la Croix-au-Bois. Le 24, l'armée continue sa marche dans le même ordre.

Cependant, les armées du prince royal de Saxe et du prince royal de Prusse étaient prêtes à faire leur jonction pour attaquer le camp de Châlons, lorsqu'ils apprennent que Mac-Mahon est en marche sur Rheims; les princes, croyant d'abord que Paris était l'objectif de l'armée française, opéraient pour lui couper sa ligne de retraite. Mais bientôt renseignés par leur cavalerie, ils ne peuvent avoir de doute sur les projets du maréchal de Mac-Mahon; ils arrêtent leur mouvement, et font exécuter à leur armée un changement de front qui les établit, face au Nord. Cette manœuvre met l'armée française dans cette situation critique que, contenue de front par le prince royal de Saxe, elle peut se trouver débordée et attaquée sur son flanc droit par le prince royal de Prusse. Le maréchal de Mac-Mahon n'aurait su échapper à ces deux armées qu'en les gagnant de vitesse; pour cela, il devait marcher avec une extrême rapidité, et couvrir son flanc droit par les masses de cavalerie dont il disposait. Placée sous le commandement d'un chef habile, poussée au loin vers le côté menacé, la cavalerie aurait dû éclairer l'armée à très grande distance. Mais il n'en fut point ainsi; alors que le temps perdu par un double changement d'itinéraire rendait la situation plus périlleuse, la division Bonnemains, qui d'abord couvrait le flanc droit, fut placée à gauche de l'armée, c'est à dire du côté opposé à l'ennemi. Les têtes des colonnes seules étaient éclairées par la division du général Margueritte, dans la direction de Stenay et de Dun. Le reste de la cavalerie se tenait avec les colonnes. La cavalerie qui, bien employée, donne aux autres troupes confiance, sécurité et repos, était donc inactive ou marchait du côté le moins utile.

Fidèles aux principes si logiques qui font la base de leur système de sûreté, les Allemands emploient leur cavalerie plus adroitement : les éclaireurs qui couvrent l'armée du Prince de Saxe, battent l'estrade à 40 kilomètres en avant, et se montrent au delà des défilés de l'Argonne, à l'approche des Français. La cavalerie du prince royal forme sur le flanc de l'armée française un réseau à l'abri duquel les corps allemands manœuvrent en toute sûreté. En arrivant au Chêne-Populeux, le maréchal apprend la marche des armées prussiennes ; appréciant la difficulté de rejoindre Bazaine, il arrête son mouvement dans l'intention de se rabattre sur la gauche ; mais bientôt poussé par une volonté supérieure, il reprend la direction de Stenay.

Dès le 27 et 28, les princes royaux, arrivés dans les environs de Bethinville et de Grand-Pré, sont prévenus du projet de Mac-Mahon de pénétrer entre les armées allemandes et la frontière belge ; les rapports de leur cavalerie, poussée en avant sur la route de Stenay à Vouziers, les confirment dans cette prévision. Il fut donc résolu que l'on poursuivrait à outrance, afin de forcer les Français à livrer bataille dans l'angle formé par la Meuse et le canal des Ardennes. Mais le 30, après le combat de Beaumont, où le général de Failly, surpris par le 4ᵉ corps prussien, fut rejeté sur Mouzon, le maréchal de Mac-Mahon jugeant impossible toute tentative de continuer sa marche sur Metz, ordonna pour le 31, la concentration de son armée entière sur la rive droite de la Meuse, autour de Sedan.

Chaque corps français va prendre position, suivi, pour ainsi dire, à la piste et observé dans tous ses mouvements par la cavalerie ennemie, qui couvre et prépare la marche concentrique des armées allemandes autour de Sedan.

Dans la soirée du 31, des masses de cavalerie vont occuper le plateau de Donchéry, et ferment à l'armée française sa ligne de retraite vers Mézières.

Le rôle que la cavalerie allemande a joué dans cette première phase de la guerre, ne peut laisser de doutes sur le mode d'application des divisions indépendantes de cavalerie, au service général de sûreté de l'armée. Dès le commencement des hostilités, les colonnes allemandes peuvent marcher et manœuvrer en toute confiance, couvertes par un réseau impénétrable de cavalerie, dont les éclaireurs, poussés au loin à des distances énormes, marchent jusqu'à ce qu'ils aient rencontré l'ennemi; à partir de ce moment, ils ne le quittent plus.

Toujours renseigné exactement, l'état-major allemand peut opérer en parfaite certitude. Ce sont les éclaireurs des divisions indépendantes de cavalerie qui reconnaissent qu'à Wissembourg, à Wœrth, à Rézonville, à Beaumont, les Français se gardent mal ou ne sont pas en force. Sous leur protection, les corps allemands se concentrent et brusquent leur attaque qui, chaque fois, est une surprise pour les Français. Ils suivent l'ennemi en retraite, rendent un compte exact des marches, des haltes, des départs et favorisent aux fractions plus considérables, qui les suivent, les coups de main, les pointes audacieuses sur les colonnes ennemies. La cavalerie qui précède la marche de l'armée du prince royal de Prusse depuis les Vosges par Lunéville, Nancy, Châlons, jusqu'à Sedan, n'opère pas autrement. Lorsque les têtes de colonnes de Mac-Mahon arrivent aux défilés de l'Argonne, elles rencontrent les éclaireurs du prince de Saxe, qui devancent la 4ᵉ armée de 30 ou 40 kilomètres. Ces cavaliers se retirent après avoir reconnu la position de leur adversaire, si, par une action énergique, les Français tentent de les poursuivre, comme les Russes à Eupatoria, ils se replient sur leurs soutiens, qui font tête, afin d'empêcher de forcer le rideau et d'arriver à l'armée elle-même.

Immédiatement après la capitulation de Sedan, les armées des princes royaux de Prusse et de Saxe se dirigèrent sur Paris. La 4ᵉ, à l'aile droite, marchait sur trois colonnes; le 16 septembre, ses troupes avancées arrivaient à Pontoise. La 3ᵉ traverse la Marne à Epernay et Château-Thierry et continue sur Paris, entre la Marne et la Seine.

Le 15 septembre, les premières troupes étaient à Nogent-sur-Marne et Creteil, précédées de leurs escadrons ; ceux-ci, couvrant les têtes des colonnes à une ou deux marches, inondent le pays de leurs cavaliers, comme le firent les Cosaques en 1814 ; occupent les routes, les villages, les villes même ; s'emparant des voies ferrées, des lignes télégraphiques. Ils brisent les résidences locales, et préservent l'armée des entreprises des corps de partisans et de francs-tireurs ; ils épuisent le pays, réquisitionnent partout, et assurent de la sorte le service de subsistance de l'armée.

Le 17, les forces allemandes étaient devant Paris, elles contournent la capitale. Le prince de Saxe au Nord, vers Saint-Denis, pour occuper la rive droite de la Seine et de la Basse-Marne ; le prince de Prusse au Sud de Gournay, à Bougival, par Choisy-le-Roi.

La cavalerie a été très utile encore dans les opérations préliminaires de l'investissement ; par son entente parfaite du service de sûreté, elle a contribué à l'efficacité du blocus, en reliant les corps allemands répartis sur le périmètre immense qu'ils formaient autour de Paris, et en apportant un précieux concours dans la guerre de chicane qui se fait généralement autour des places fortes. Les 4 divisions de cavalerie, attachées à l'armée d'investissement, eurent pour mission d'éclairer le terrain entre la Seine et la Loire, et de réquisitionner le pays, afin d'assurer les approvisionnements de l'armée d'investissement. La 5e division,

Rheinbaden, eut son quartier-général à Saint-Nom et opérait dans la direction d'Evreux. La 6e division, à gauche, agissait sur Chartres par Rambouillet. La 4e division, prince Albert de Prusse, était à gauche de la 6e, dans la direction d'Orléans.

Après la chute de Strasbourg, le général de Werder, avec le 14e corps, traverse les Vosges et se dirige sur l'Oignon et Dijon. Le général de Treskow fait le siége de Belfort.

A partir de cette époque, les opérations des armées allemandes perdent de leur simplicité méthodique. L'étendue toujours grandissante du théâtre de la guerre, l'obligation de garder des lignes d'opérations énormes, la nécessité de briser les résistances qui se produisent, à mesure que le caractère de la guerre parait se transformer, créent chaque jour des exigences nouvelles, qui multiplient les opérations accessoires. Plusieurs armées françaises sont en voie de formation, elles se concentrent dans le but évident de marcher au secours de Paris. Quoique composées de troupes inexpérimentées, équipées et instruites à la hâte, ces armées se renforcent chaque jour, leurs effectifs s'accroissent d'une manière inquiétante, leur organisation est poussée avec une activité prodigieuse. Bientôt l'armée de la Loire fait preuve au combat de Coulmiers d'une force de cohésion qu'il était difficile de lui soupçonner.

Le général von der Tann, ayant sous ses ordres le 1er corps bavarois, une division du 11e corps

allemand, la 2ᵉ division de cavalerie (Stolberg)
et la 4ᵉ (prince Albert de Prusse) occupait Orléans; mais les renseignements transmis par sa
cavalerie lui ayant donné la certitude que le gros
de l'armée de la Loire s'avançait sur son flanc
droit, et voulant se rapprocher des renforts qu'il
attendait de Paris, il évacua Orléans le 8 novembre, et vint prendre position sur la grande
route de Châteaudun, entre Saint-Peravy et les
Ormes; couvert par la 2ᵉ division de cavalerie,
dont les détachements s'avancent vers l'Ouest,
au delà de Coulmiers.

Une reconnaissance de cavalerie habilement
conduite par le général Abdelal, renseigne très
exactement le général d'Aurelle sur les positions
allemandes, lui apprend que l'ennemi n'est pas
en force et qu'il peut l'attaquer avec avantage.
Le combat du 9 fut un succès pour les Français,
il eût été plus complet sans une manœuvre mal
comprise de leur cavalerie : une brigade de la
division Reyau chargée d'éclairer le flanc gauche
de l'armée, devait tourner les villages de Saint-
Sigismond et de Champs, dans le but de pronon-
cer une attaque sur l'aile ennemie, mais elle fut
hésitante; par suite d'une fausse alerte, elle arrêta
son mouvement, et plus tard l'approche de la nuit
l'empêcha de se reporter en avant; elle ne put
ainsi occuper les positions qui lui avaient été assignées, ni remplir le rôle important qu'elle devait
jouer à la fin de l'action.

Le corps du général von der Tann se mit en retraite sans être poursuivi, lentement et couvert par sa cavalerie. Le 10, il prit position à Etampes, poussant ses éclaireurs jusqu'à Toury, et se reliant ainsi avec les forces que le grand-duc de Mecklembourg réunissait à Chartres. Après le combat de Coulmiers, l'armée du général d'Aurelle s'établit en avant d'Orléans, couverte par des détachements de cavalerie qui battent le pays au loin, font quelques opérations heureuses, s'avancent même jusqu'au milieu des cantonnements ennemis. Les cavaliers français, encouragés, hésitent moins à se mesurer avec leurs adversaires. C'est ainsi que le 14 novembre, une reconnaissance pénètre jusque dans Viabon, et en déloge un régiment de uhlans qui s'y trouvait avec le prince Albert.

Quoique de formation récente, la cavalerie de l'armée de la Loire semble mieux conduite, plus entreprenante; son application au service de sûreté, de reconnaissances plus logiquement entendu. Les services qu'elle rend sont très réels : peut-être eussent-ils été plus considérables, si les circonstances climatériques, le rôle forcément défensif de cette armée, après la réoccupation d'Orléans par les troupes allemandes, n'avaient limité son emploi. Les généraux d'Aurelle et Chanzy ont assurément tiré de leurs escadrons, à peine formés, tout le parti possible, et si les résultats n'ont pas toujours répondu à leur attente, il faut l'attribuer au défaut d'expérience de leurs cavaliers.

Cependant l'armée de la Loire se renforçait chaque jour ; à la fin de novembre elle comptait 7 corps d'armée, 200,000 hommes. Ces forces, ayant Paris pour objectif, devaient se mettre en marche dans les premiers jours de décembre, en refoulant devant elles les corps d'observation qui leur étaient opposés.

A la suite du combat de Coulmiers, le grand-duc de Mecklembourg avait pris le commandement de l'armée d'observation allemande, composée du corps bavarois de von der Tann, des 17e et 20e divisions, et des divisions de cavalerie prince Albert, Rheinbaden et Stolberg. Sous la protection des divisions Albert et Stolberg, l'armée achève sa concentration aux environs de Chartres ; elle prend solidement position et commence ses opérations vers l'Ouest sur la ligne d'Iliers-Dreux, protégée à sa gauche par la division du prince Albert qui bat le pays en avant de Conlie et de Bonneval, contenant les forces françaises à Chateaudun et dans le Perche, et observant ainsi l'aile gauche de l'armée de la Loire ; tandis que la division Stolberg occupant Toury et Janville opère jusqu'à Orgères, masquant le chemin de fer d'Orléans à Paris, et observant l'aile droite française, en attendant que les renforts, venant de l'est, aient mis l'armée prussienne à même de reprendre l'offensive.

Telle était la situation des belligérants, lorsque la capitulation de Bazaine rendit disponibles deux armées allemandes : la première, sous les ordres du général de Manteuffel, composée des 1er, 7e et 8e corps d'armée, destinée à opérer dans le nord de la France, se dirige de l'est à l'ouest, entre la frontière de Belgique et la basse Seine, pour combattre l'armée française qui s'organise dans le nord et la refouler sous ses places fortes. La deuxième armée, commandée par le prince Frédéric-Charles, forte des 9e, 10e et 3e corps, prit la direction du sud-ouest, afin de se joindre au grand-duc de Mecklembourg-Schwerin, en se reliant avec les forces du général de Werder, agissant vers l'est. L'armée du prince marche d'abord au sud, afin de gagner la haute Seine et le chemin de fer de Mulhouse à Paris par Pont-à-Mousson, Commercy, Ligny, Saint-Dizier, Brienne et Troyes. Le 14, elle se dirige sur la Loire, son centre suivant la ligne Villeneuve-l'Archevêque et Sens. Cette longue marche stratégique est précédée et couverte par la division de cavalerie Hartman. Du 29 au 30, la concentration des deux armées allemandes était accomplie, et le prince préparait pour le 3, une attaque concentrique contre Orléans.

Après la bataille de Loigny, suivie des combats de Patay, de Briey et de Boulay, où le succès des Allemands fut déterminé par un mouvement tournant de leur cavalerie, le général d'Aurelle ayant reconnu l'impossibilité de marcher sur Paris, se décida à la retraite.

Les Allemands réoccupèrent aussitôt Orléans, puis des détachements de cavalerie furent envoyés sur la rive gauche de la Loire dans toutes les directions ; les uns remontant le fleuve vers Gien, les autres descendant vers Blois et Tours, d'autres encore traversant la Sologne, se portent sur Vierzon et Bourges. Ces divers mouvements eurent pour conséquence de séparer l'armée française en deux tronçons : les 15ᵉ, 18ᵉ et 20ᵉ corps se retirent sur la Loire au-dessous d'Orléans; les 16ᵉ, 17ᵉ et 19ᵉ furent se concentrer au-dessous de cette ville. Cette partie de l'armée française se retira en bon ordre, sous la protection des divisions de cavalerie Michel et de Tucé, qui couvraient et protégeaient sa marche; elle alla occuper les positions de Beaugency, Josnes et Lorges.

L'action stratégique de la cavalerie allemande est importante dans cette première partie de la campagne de la Loire : ce sont les divisions indépendantes de cette arme qui soutiennent la retraite de l'armée du général Von der Tann sur Toury ; c'est cette même cavalerie qui couvre et protége la formation des troupes du grand-duc de Mecklembourg, ainsi que la concentration de son armée sur Chartres. La division Hartmann précède et prépare la marche du prince Frédéric-Charles de Metz vers la Loire ; cette division, renforcée des trois divisions de cavalerie du grand-duc, couvre et protége la jonction de l'armée de ce prince avec celle du prince Frédéric-Charles. La marche de la 6ᵉ division de cavalerie sur Vierzon, à travers la Sologne à la poursuite de l'aile droite française, a pour résultat de séparer les deux parties de cette armée, et de relier les forces du prince Frédéric-Charles à celles du général de Werder.

La cavalerie française rendit également d'utiles services; le rôle actif des divisions de Tucé et Michel permit aux 16e et 17e corps français d'opérer leur retraite en bon ordre sur d'autres positions, et de former le noyau d'une nouvelle armée.

Après les combats d'Orléans et la réoccupation de cette ville par le prince Frédéric-Charles, l'armée allemande prit position sur les deux rives de la Loire vers Orléans, à droite, et vers Blois, à gauche; le 3e corps opérant au dessus d'Orléans du côté de Gien.

La 1re armée de la Loire, commandée par le général Bourbaki, se concentrait à Bourges entre la Loire et le Cher. La 2e armée, commandée par le général Chanzy, formée des 16e, 17e et 21e corps, avait pris position sur la rive droite de la Loire, sur la ligne Beaugency-Marchenoir, entre la Loire et le Loir. Les opérations du général Chanzy avaient pour but de couvrir Tours, et de tenir tête à l'armée allemande le plus près possible d'Orléans, en attendant le concours de la 1re armée en voie d'organisation.

Le 8 décembre, le général Chanzy reprit l'offensive, mais après le combat de Villorceau, l'occupation de Beaugency par les Allemands, nécessita la retraite de l'armée française au delà de la Loire. Elle se fit en assez bon ordre, protégée par des détachements de cavalerie. Les corps allemands suivaient de près, leurs éclaireurs restant

en vue des tirailleurs qui couvrent les lignes françaises, et cherchant à contrarier leur marche par
des coups de main, des attaques partielles sur les
arrières-gardes; ils battent le pays, s'avancent à
la faveur des bois, fouillent les fermes, ramassent
les traînards, et font prisonniers les hommes qui,
accablés de fatigue, à bout de forces, sont incapables de résistance.

Le 13 décembre, Blois fut occupé par l'aile
gauche allemande, commandée par le général de
Voigts-Rhetz, les troupes du grand-duc de Mecklembourg se dirigèrent également sur le Loir,
vers Morée.

Le 13, l'armée française ayant activé sa retraite, prit son ordre de combat : l'aile droite
appuyée à la forêt de Fretteval, occupant une
série de positions faisant demi-cercle autour de
Vendôme, qu'elle couvrait sur la rive gauche.
La cavalerie détacha un corps d'observation pour
surveiller les routes de Blois et de Château-Re-
nault. L'instruction donnée aux troupes, prescri-
vait à chaque corps d'armée de placer des petits
postes de cavalerie le plus loin possible, et de
faire explorer le pays par des cavaliers surveil-
lant surtout la direction de Blois, d'Oucques et
de Pontijoux, tout le cours de la Loire entre
Vendôme et Montoire, et de placer en outre des
petits postes en arrière de Vendôme.

Le grand-duc de Mecklembourg se mit en
marche sur la Loire, au-dessus de Vendôme, dans
le but de tourner la gauche française, tandis que

le général de Voigts-Rhetz partait de Blois pour exécuter une attaque directe sur Vendôme.

Les troupes du grand-duc étant parvenues à dérober leur marche aux reconnaissances, ou celles-ci n'ayant pas été faites avec assez de soin, la gauche française fut attaquée inopinément à Fretteval. Le 15, le grand-duc à l'aile droite, et le général de Voigts-Rhetz à l'aile gauche, éprouvèrent une très vive résistance sur la ligne du Loir, de Morée à Vendôme, et la bataille resta indécise.

En présence des pertes essuyées, du mauvais temps, du moral des troupes et des forces considérables que le prince Frédéric-Charles concentrait contre Chanzy, la retraite de l'armée française derrière la Sarthe fut décidée. Elle commença le 16, sans ordre et avec une grande précipitation. Ce mouvement avait d'ailleurs un autre but; on pouvait espérer en attirant l'armée du prince Frédéric-Charles à la suite du général Chanzy, vers le Mans et le camp de Conlie, laisser plus de liberté d'action à Bourbaki pour débloquer Belfort et opérer vers le nord-est.

Mais au lieu de suivre l'ennemi à l'ouest avec toutes ses forces, le prince se borna à le faire observer par des détachements, et pour être prêt à toute éventualité du côté de Bourbaki, dont l'armée se concentrait à Bourges, il fait remonter la Loire aux 3e et 9e corps d'armée, qui exécutent leur mouvement, couverts par un épais rideau de cavaliers. L'aile droite chargée d'observer Chanzy, se déploye sur une ligne très étendue, de Chartres à Blois, elle est également couverte de trois divisions de cavalerie. Ces masses de cavalerie que l'on fait appuyer suivant les besoins, ont spécialement pour mission de rester toujours en contact avec l'ennemi, d'informer l'armée allemande, et de soutenir les détachements qui font des expéditions entre la Loire et la Sarthe. Il en fut de même à l'aile gauche pour les 3e et 9e corps qui, avec la cavalerie qui leur était attachée, exécutèrent plusieurs pointes dans la Sologne jusqu'à Vierzon, puis à Gien, à Briare, et jusqu'à la Chapelle dans la direction de Bourges.

Enfin d'autres troupes ayant pu être opposées à Bourbaki, le prince reprit sa marche à l'ouest contre Chanzy. A cet effet, le 6 janvier, il concentre toutes ses forces sur la ligne du Loir. Le 13e corps du grand-duc de Mecklembourg, et la 4e division de cavalerie se portent à Brou-sur-l'Ozanne et Nogent-le-Rotrou. Le 9e et la 2e division de cavalerie à Morée, sur le Loir. Le 3e à Vendôme, sur les deux rives de la même rivière. Le 10e corps avec les 1re et 6e divisions de cavalerie à Montoire. Les colonnes allemandes devaient partir de ces positions pour faire une marche concentrique autour du Mans.

L'habileté avec laquelle le prince Charles employa la cavalerie dans cette circonstance, est certes un des faits les plus remarquables de l'histoire de la campagne de l'ouest. Après la bataille de Vendôme, le prince ne sait s'il doit marcher

contre Bourbaki vers l'est, ou poursuivre Chanzy
vers l'ouest; de plus ses troupes sont fatiguées par
des combats incessants ; un temps d'arrêt se produit dans les opérations ; il dispose son armée de
façon à observer les deux objectifs, et déploie sa
cavalerie. Masqué par elle, il se borne à faire des
démonstrations, à simuler de fausses attaques sur
ses deux adversaires, gagne du temps, et permet
à son armée de se refaire, de s'approvisionner et
de recevoir des renforts. Puis décidé à reprendre
l'offensive, il replie sa cavalerie et recommence
les opérations.

Le 20 décembre, les derniers mouvements de
retraite de l'armée de Chanzy étaient achevés;
il prend position en avant du Mans, la gauche
(21e corps) occupe le plateau d'Avour ,sur la
rive gauche de l'Huisne; le centre (17e) sur la
rive gauche de l'Huisne; la droite (16e) sur les
crêtes du plateau au sud du Mans, appuyant sa
droite à la Sarthe et sa gauche à l'Huisne, en face
d'Yvrée. Une partie de la cavalerie est cantonnée
en avant des lignes et détache ses avant-postes au
moins à 15 kilomètres, de façon à surveiller le
pays entre la Sarthe et l'Huisne; de plus il était
prescrit aux commandants des corps d'armée de
couvrir leur front de reconnaissances de cavalerie
dans toutes les directions, et de les pousser le plus
loin possible. Il fut en outre organisé des colonnes
mobiles formées des trois armes, afin de les opposer aux colonnes mobiles allemandes.

Le 7, le prince Frédéric-Charles donna l'ordre

général à son armée de s'avancer jusque la ligne de la Braie.

Les divisions de cavalerie éclairant les mouvements des colonnes, les relient entre elles et poussent leurs détachements dans toutes les directions pour battre le pays.

La marche ne se fit pas sans combats partiels dans lesquels les troupes françaises improvisées, si bravement qu'elles allassent au feu, ne purent lutter contre la discipline, la solidité et la bonne instruction tactique des Allemands. Ceux-ci s'avancent sur le Mans en descendant l'Huisne, par la route de Saint-Calais, et par celle de Montoire à Grand-Lucé ; tandis que leurs détachements se portent sur Bellennes, en menaçant le chemin de fer d'Alençon sur Condrieux ; sur Tresson, Parigné-l'Evêque, et la rive gauche du Loir. Les Français n'opposent nulle part de résistance sérieuse ; leur cavalerie abandonne les positions de Parigné-l'Evêque et de Grand-Lucé sans avoir combattu, sans avoir reconnu même les forces qui se trouvaient devant elle.

Le 11, le prince fit une attaque décisive. L'aile droite française ayant été mise en déroute, l'armée battit en retraite pour occuper les positions qui lui avaient été assignées à l'avance.

Cette bataille termina la série des grandes opérations de l'armée du prince Frédéric-Charles dans l'ouest. Le général Chanzy se retira derrière la Mayenne.

Quel qu'effacé que fût le rôle de la cavalerie

française dans la campagne de la Loire, on ne peut nier que le général Chanzy n'ait fait tous ses efforts pour utiliser les éléments dont il disposait : formés à la hâte, à peine armés, mal équipés et très peu instruits, à l'exception de quelques corps venus d'Afrique, ses escadrons manquaient de cohésion. Les cavaliers ne pouvaient avoir l'aplomb, la confiance en eux-mêmes, résultat d'une instruction progressive et raisonnée, complétée par la pratique. Etait-il possible, avec chances de réussite, de les opposer aux cavaliers allemands, que l'expérience d'une longue campagne et des succès constants, avaient rendus entreprenants jusque la témérité? Aussi le général Chanzy fait-il observer à plusieurs reprises, dans ses instructions et ses ordres, que la cavalerie allemande fait beaucoup de mal aux Français, par ses alarmes continuelles, et il se plaint de l'impuissance de la cavalerie française.

Dans la première phase de la guerre franco-allemande, la cavalerie française, marchant toujours en arrière, n'eut guère l'occasion d'utilement se produire; les services qu'elle rendit à l'armée pour l'éclairer et la garder furent presque toujours nuls ou insuffisants. Sur le champ de bataille on l'employa d'une façon chevaleresque, mais souvent désastreuse : elle fut lancée à Wœrth, à Rezonville, à Sedan, contre l'infanterie et l'artillerie, sans préparation, sans reconnaître le terrain, comme Ney le fit à Waterloo, comme la cavalerie anglaise à Balaclava.

Dans les combats livrés sur les bords de la Loire et de la Sarthe, les moyens tactiques varient peu ; les jeunes troupes françaises, malgré leur bravoure, ne pouvaient tenir contre les solides légions allemandes, elles lâchaient pied après un court engagement ; il ne restait alors au général français d'autre alternative que de se porter en arrière, pour aller, dans le meilleur ordre possible, occuper d'autres positions. Ces marches en retraite continuelles, les conditions climatériques, la nature du sol, l'état moral de l'armée, devaient limiter l'emploi de la cavalerie française aux opérations accessoires, auxquelles toutefois le caractère défensif de la guerre donnait une grande importance : « Eclairer et couvrir les colonnes, « les relier par des postes de correspondance ; « battre le pays au loin et s'opposer aux entreprises des coureurs allemands ; protéger les « mouvements de retraite, et donner confiance en « mettant les derrières et les flancs à l'abri de « toute surprise ; maintenir l'ordre dans les colonnes ; rallier les soldats débandés, exténués « de faim, de fatigue et de sommeil ; enfin, dans « les combats, prévenir les moments de défaillance, si naturels chez de jeunes troupes, à qui « des succès récents n'ont pu inspirer la confiance ; « prévenir les conséquences d'un moment de panique, par des cavaliers placés en arrière des « lignes, avec mission d'arrêter les fuyards. » Tel fut en résumé, le rôle que le général Chanzy attribuait à sa cavalerie. Les instructions qu'il donne pour régler ces services, renferment d'excellents préceptes et témoignent d'intelligents efforts pour inspirer à ses jeunes escadrons l'esprit d'initiative qui leur manque. Peut-être eut-il obtenu davantage si, adoptant complètement la tactique des Allemands, il les eut employés en partie sous le commandement d'un chef habile, qui sut les appliquer sur une grande échelle au service de sûreté de l'armée.

Dans la seconde période de la guerre, les mouvements des armées allemandes se compliquent en raison de l'immense étendue des lignes d'opérations, et de la force de résistance imprévue que présentent les armées improvisées de la France. Ces armées s'organisaient simultanément dans le Nord, dans les Vosges, sur la Loire. La tactique de l'état-major allemand consistait à les tenir en échec, au moyen de corps d'observation, qu'ils complétaient rapidement par des forces très mobiles, à l'instant où l'ennemi se croyait assez puissant pour reprendre l'offensive. La nature de ces opérations exigeait qu'elles fussent conduites avec une grande précision, les marches à longues distances nécessitées par elles, n'étaient possibles qu'à la condition d'être convenablement préparées, couvertes et assurées par les divisions indépendantes de cavalerie, ainsi que le fit le prince Frédéric-Charles dans sa marche de Metz sur la Loire.

Le concours de la cavalerie n'est pas moins important dans les opérations dont le nord de la

France fut le théâtre. Lancée sur le flanc de la
1re armée, elle couvre la marche de Manteuffel, de
l'est à l'ouest. Après les batailles d'Amiens et de
Pont-de-Noyelle (sur l'Hallue), qui firent reculer
Faidherbe jusqu'à Douai, Manteuffel prit position
en avant d'Amiens, sur les routes d'Arras et de
Douai ; son aile droite fortement couverte et éclairée par deux divisions de cavalerie, sous les ordres
du prince Albert de Prusse (jeune), qui surveil-
lent la ligne d'opérations de l'ennemi. Le rideau
que forme la cavalerie, dérobe aux Français les
positions prussiennes, assez étendues, et permet
plus tard au général de Gœben d'épier le moment
favorable pour attaquer Faidherbe dans sa marche
sur Saint-Quentin. Le 18, il le rejète en arrière,
sur cette ville et sur Vermond, en le faisant poursuivre jusqu'à Cateau-Cambresis, Cambrai, Douai
et Arras.

Citons encore la marche de l'armée du sud,
commandée par le général de Manteuffel : cette
armée, formée des 2e et 7e corps, réunis à Châ-
tillon-sur-Seine, avait pour mission de se diriger
sur Vezoul par Dijon et Langres, puis sur la ligne
Besançon-Dôle pour appuyer Werder et couper la
retraite à l'armée de Bourbaki.

L'usage que l'état-major allemand a su faire
des masses de cavalerie pour éclairer et couvrir
les opérations des armées, a produit un grand
effet; l'histoire nous rappelle sans doute des circonstances où cette arme fut employée dans le
même but et avec le même succès, mais il n'exis-

tait point de règles bien formulées à cet égard, ou plutôt ces règles paraissaient vagues et laissées à l'appréciation du moment. Aujourd'hui elles ont été coordonnées, régularisées et sont entrées méthodiquement dans le système de guerre. Les armées modernes agissent en masses très considérables; pour assurer leur existence sans trop allonger les colonnes, il est nécessaire de leur faire occuper un front étendu, ce qui n'est possible qu'à la condition d'être parfaitement couvert et à l'abri de toute surprise, en disposant d'une cavalerie nombreuse formant rideau autour de l'armée. Ce principe s'impose également aux armées d'un effectif réduit dont le rôle est généralement défensif, car pour combattre avec avantage, il faut qu'elles puissent choisir leur moment et leur champ de bataille. Enfin, la protection d'une bonne cavalerie est surtout indispensable aux jeunes troupes, ou à celles qui, ayant combattu sans succès, éprouvent plus que toute autre, la nécessité de voir leur confiance raffermie et leur repos assuré.

L'expérience a démontré que les armes perfectionnées n'ont point eu pour conséquence de modifier sensiblement le rôle de la cavalerie hors du champ de bataille; mieux montée qu'autrefois, sa mobilité, sa résistance aux fatigues, son aptitude aux marches ont augmenté en raison de la meilleure qualité des chevaux. Les progrès de l'agriculture, les mouvements de l'industrie ont transformé le sol; mais ces circonstances qui peuvent avoir une influence sur l'emploi de la cavalerie dans le combat, ne sauraient être un obstacle à des opérations dans lesquelles, au contraire, des voies de communications meilleures et plus nombreuses, des moyens de subsistance mieux assurés sont des éléments de succès. Mais pour réaliser le rôle de la cavalerie tel que la Prusse l'a compris, il faut l'expérience de la guerre, et surtout la pratique continuelle en temps de paix, des opérations qui se font à la guerre. L'inexpérience tend à exagérer le danger des mouvements accomplis à des distances éloignées; cette observation s'applique particulièrement au service de sûreté, d'éclaireurs et de reconnaissances, qui exige de la part des cavaliers des aptitudes spéciales, résultat d'une instruction parfaite.

Les Allemands sont entrés en campagne avec une cavalerie imposante, ils ont pu la conserver telle pendant toute la durée de la guerre, la situation de vainqueurs leur donnant des moyens exceptionnels pour remplir les vides qui se produisaient dans ses rangs. Dans la seconde période de la guerre il fut même créé, par corps d'armée, un dépôt général de remonte, qui s'alimentait au moyen des prises et de réquisitions opérées sur le territoire envahi.

Peut-on supposer d'après cela que les succès de la cavalerie allemande soient uniquement dus au chiffre extraordinaire de ses escadrons? Il serait plus juste de les attribuer à leur bonne organisation. Observons pourtant que, par suite de l'effectif considérable de la cavalerie, il fut aisé de la faire manœuvrer sans relâche, tout en évitant de la surmener: parce qu'il était possible de relever fréquemment les détachements, et de leur donner le repos indispensable.

La cavalerie ne s'improvise pas; elle fond très rapidement en campagne, il faut donc en tout temps lui conserver un effectif assez fort pour qu'elle puisse être mobilisée du jour au lendemain. C'est ainsi que la question est comprise en Prusse : alors que les autres armes se réduisent, en temps de paix, au strict nécessaire, les escadrons ont constamment leur effectif de guerre. La cavalerie constitue l'élément principal des forces mobiles, que toute nation doit avoir sans cesse sous les armes, si l'on ne veut pas être surpris en flagrant délit de formation, comme l'ont été les Français en 1870. Cette vérité s'applique tout d'abord aux petites puissances, et particulièrement à notre pays; en effet, ses frontières entièrement ouvertes, son territoire peu étendu et sans obstacles, ne le garantissent pas suffisamment d'un coup de main, qui, en peu de temps, porterait l'ennemi au cœur de la Belgique. En cas de danger il serait urgent, semble-t-il, de protéger la concentration de nos forces par des corps très mobiles, formés surtout de cavalerie et d'artillerie, dont les détachements observeraient la frontière menacée, garantiraient le territoire des excursions des partis ennemis, et couvriraient les premières opérations de l'armée. C'est surtout aux

armées dont le rôle est naturellement défensif,
que conviennent ces paroles de Jomini : « *Sans*
« *une cavalerie expérimentée et suffisante, les*
« *généraux agissent en aveugle et les armées sont*
« *compromises.* »

Le 1er décembre 1871.

FIN.

NOUVEAUTÉS MILITAIRES DE C. MUQUARDT

HENRY-MERZBACH, SUCCr, ÉDITEUR, BRUXELLES

	Fr. C.
BERNAERT (maj.). Conférence à propos de changements nécessités dans la tactique, in-8º (1872)	1 25
BLONDIAU (capit.). Mines militaires. Règles relatives au renversement des escarpes, in-8º avec pl. . .	2 »
BRIALION, E. N. (major du génie). Étude sur les mines militaires. Les Fougasses pierriers — bouches à feu creusées en terre, in-16 avec 8 planches (1872).	3 50
BRIALMONT (colonel). Fortification polygonale, 2 vol. avec atlas in-fol.	45 »
— La fortification polygonale et les nouvelles fortifications d'Anvers. Réponse aux critiques de MM. Prévost et Cosseron de Villenoisy, in-8º. .	1 »
— Vérité sur la situation militaire de la Belgique en 1871, in-8º, par un colonel de l'armée (1871). . .	1 »
CAMPAGNE DE METZ, par un général prussien, avec carte (2e édition) (1871)	1 50
CHESNEY (colonel). Etudes sur la campagne de 1815. Waterloo, in-8º et pl.	7 50
COFFINIÈRES DE NORDECK (gén.). CAPITULATION DE METZ. Réponse à ses détracteurs, in-8º (2e éd.). . . .	1 50
DAUDENART (major). La guerre sous marine. Les torpédos, in-16 avec 2 planches (1872).	2 50
DE FORMANOIR (capit. d'ét.-maj.). Les chemins de fer en temps de guerre, avec grav., in-16 (2e éd.) (1872).	1 50
— Etude sur la tactique de la cavalerie, in-16 avec 21 gravures (1872).	3 50
DE RUYBTS (cap.). Les ponts militaires, in-16 avec pl.	1 50
DUC DE CHARTRES. Champs de bataille du Rhin, in-16.	2 50
EMPLOI DE L'ARTILLERIE rayée en campagne, in-16 . .	1 »
FAY, CH. (lieut.-col. d'ét.-maj.). Journal d'un officier de l'armée du Rhin, 4e édit., avec carte. In-8º (1872).	5 »
GIRARD (capit.). Construction et emploi des défenses accessoires, in-16 avec planches.	1 50
GRATRY (capit.). Essai sur les ponts mobiles militaires, in-8º avec planches.	7 50
GUERRE FRANCO-ALLEMANDE DE 1870-1871 SOUS LE ROI GUILLAUME, par un off. d'ét.-maj. prussien, trad. de l'all. par L. de Dieskau, cap. d'ét.-maj., et G. A. Prim, lieut. d'inf. 1re partie. Les événements jusqu'au 8 août 1870, in-8º avec 3 annexes et 4 cartes (1872).	6 »
LAHURE (cap.). La cavalerie et son armement depuis la guerre de 1870. In-16 (1871)	1 »
LE BOULENGÉ (capit.). Chronographe Le Boulengé, in-8º avec 4 pl.	3 50
LUTTES DE L'AUTRICHE EN 1866. Tomes I à III avec cartes et tabl. in-8º.	24 50
MARCHAL (capit.) Abrégé des guerres de Louis XIV. Avec notice historique (1872). In-8º avec 13 gr. pl.	8 00

MONNIER C. (major). La guerre des bois, in-16 avec 3 planches (1872). 3 50

NAPOLÉON BONAPARTE (prince Pierre). Hypothèse d'une campagne Outre-Rhin. Etude militaire par le prince Pierre-Napoléon Bonaparte. — L'armée belge. — Anvers. — Analyse des plus récents débats sur l'organisation militaire à la Chambre des représentants. 1 gros vol. in-4°. . . . . 12 "

NICAISE (cap.). L'artillerie de campagne belge, in-16 avec 9 pl. 3 50

PIRON (capit.). Manuel théorique du mineur. Nouvelle théorie des mines, in-8° avec planches. . . . . 12 "

PONTUS, CH. (maj.). Tactique de l'infanterie. In-12 avec gravures . . . . 1 "

ROMBERG, H. (maj. d'artillerie). Études sur les fusées, 3 vol. gr. in-8° avec pl. 7 50

— Recherches théoriques et pratiques sur les fusées pour projectiles creux. Description des fusées à double effet. Gr. in-8° avec planches (1871) . . . 12 "

— Appendice aux Recherches sur les fusées : Fusées prussiennes. Modifications proposées. In-8° av. pl. 2 "

TABLEAU HISTORIQUE DE LA GUERRE FRANCO-ALLEMANDE, 15 juillet 1870 au 10 mai 1871, 1 gr. vol. in-8° (1872) . . 10 "

TROIS MOIS A L'ARMÉE DE METZ, par un officier du génie. In-8° avec une carte des opérations, 2ᵉ édit. (1871). 3 "

TERWANGNE (général). Des Chaudières à foyer intérieur et du Système de Centralisation appliqué au ménage des troupes, in-16° avec 3 pl. 2 50

VAN DEN BOGAERT (capit.). La télégraphie électrique de campagne, in-16 avec 9 planches. 1 50

VANDE VELDE (colonel). La guerre de 1866, in-8° avec 3 grandes cartes . . . . 6 "

— La tactique appliquée au terrain, tome Iᵉʳ, in-8° avec atlas. 7 50

VANKERCKHOVE et **ROUEN** (cap.). Description de la place et du camp retranché d'Anvers, in-16 avec 4 cart. 3 "

VERDY DU VERNOIS (lieut.-col. à la suite de l'état-major de l'armée prussienne, etc.). Etudes sur l'art de conduire les troupes. 1ʳᵉ section, in-16 avec 4 pl. (Traduit de l'allemand) (1872) . . . . 2 "

WALTON. Armées permanentes et armées formées de volontaires, suivi de quelques propositions relatives à l'infanterie, in-8° avec pl. . . . . . . 2 "

WAUWERMANS (major). La science du mineur, mines militaires, in-8° avec planches 7 50

— Les machines infernales dans la guerre de campagne, in-16 avec planches 1 50

WUILLOT, L. (Médecin de bataillon.) Éléments d'hygiène et premiers soins à donner en cas d'accidents, in-16 . . . . 1 "

www.ingramcontent.com/pod-product-compliance
Ingram Content Group UK Ltd.
Pitfield, Milton Keynes, MK11 3LW, UK
UKHW022119170726
13837UKWH00003B/1260